Impressum
Verlag: BABADADA GmbH, Nedderfeld 112 , 22529 Hamburg
Geschäftsführer / Verlagsleitung: Harald Hof
Druck: Books on Demand GmbH, In de Tarpen 42, 22848 Norderstedt

Imprint
Publisher: BABADADA GmbH, Nedderfeld 112 , 22529 Hamburg, Germany
Managing Director / Publishing direction: Harald Hof
Print: Books on Demand GmbH, In de Tarpen 42, 22848 Norderstedt, Germany

AF221619

škola

skole

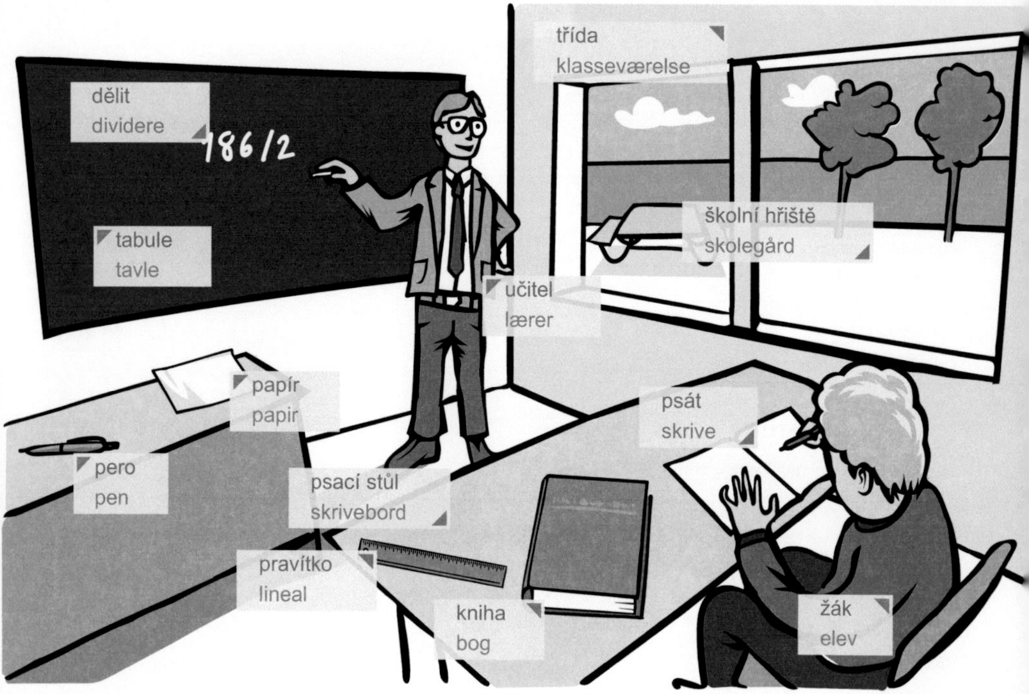
třída
klasseværelse
dělit
dividere
186/2
tabule
tavle
školní hřiště
skolegård
učitel
lærer
papír
papir
psát
skrive
pero
pen
psací stůl
skrivebord
pravítko
lineal
kniha
bog
žák
elev

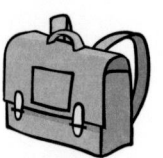

aktovka

skoletaske

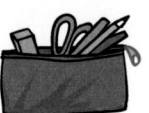

penál

penalhus

tužka

blyant

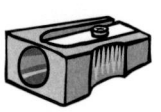

ořezávátko

blyantspidser

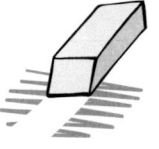

guma

viskelæder

blok na kreslení

tegneblok

výkres

tegning

štětec

pensel

malířské potřeby

æske med vandfarver

nůžky

saks

lepidlo

lim

cvičebnice

opgavehefte

domácí úkol

lektie

počet

tal

2+2

sčítat

addere

5-2

odčítat

subtrahere

násobit

multiplicere

počítat

regne

písmeno

bogstav

ABCDEFG
HIJKLMN
OPQRSTU
VWXYZ

abeceda

alfabet

slovo

ord

text

tekst

číst

læse

křída

kridt

hodina

time

třídní kniha

klasseprotokol

zkouška

eksamen

vysvědčení

karakterbog

školní uniforma

skoleuniform

vzdělání

uddannelse

encyklopedie

leksikon

univerzita

universitet

mikroskop

mikroskop

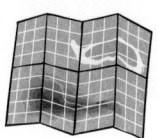

karta

kort

odpadkový koš na papír

papirkurv

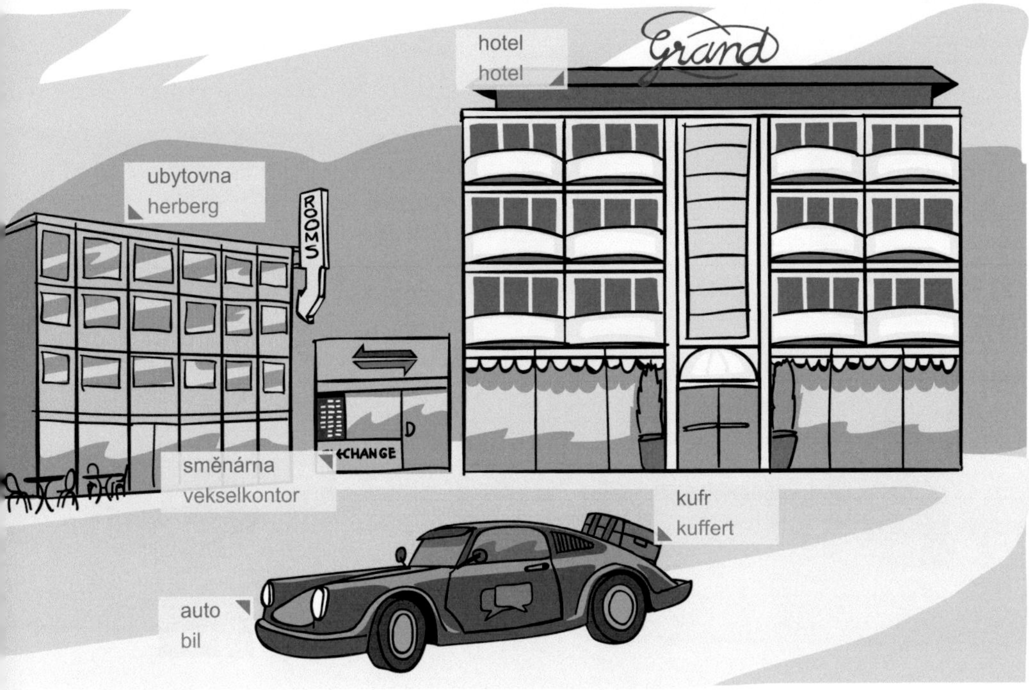

hotel
hotel
Grand
ubytovna
herberg
ROOMS
EXCHANGE
směnárna
vekselkontor
kufr
kuffert
auto
bil

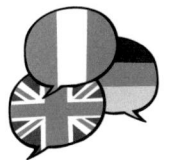

jazyk

sprog

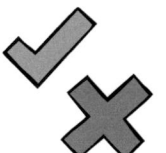

ano / ne

ja / nej

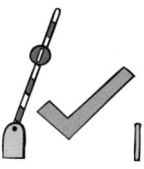

oukej

okay

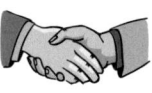

Ahoj!

hej

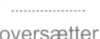

překladatel

oversætter

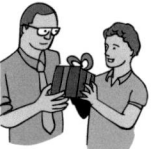

děkuji

tak

Kolik stojí...?

hvad koster...?

nerozumím

Jeg forstår ikke

problém

problem

Dobrý večer!

God aften!

Dobré ráno!

God morgen!

Dobrou noc!

God nat!

na shledanou

farvel

směr

retning

zavazadlo

bagage

taška

taske

batoh

rygsæk

host

gæst

pokoj

værelse

spací pytel

sovepose

stan

telt

turistické informace

turistinformation

pláž

strand

kreditní karta

kreditkort

snídaně

morgenmad

oběd

middagsmad

večeře

aftensmad

jízdenka

billet

výtah

elevator

poštovní známka

frimærke

hranice

grænse

clo

told

poselství

ambassade

vízum

visum

pas

pas

transport

transport

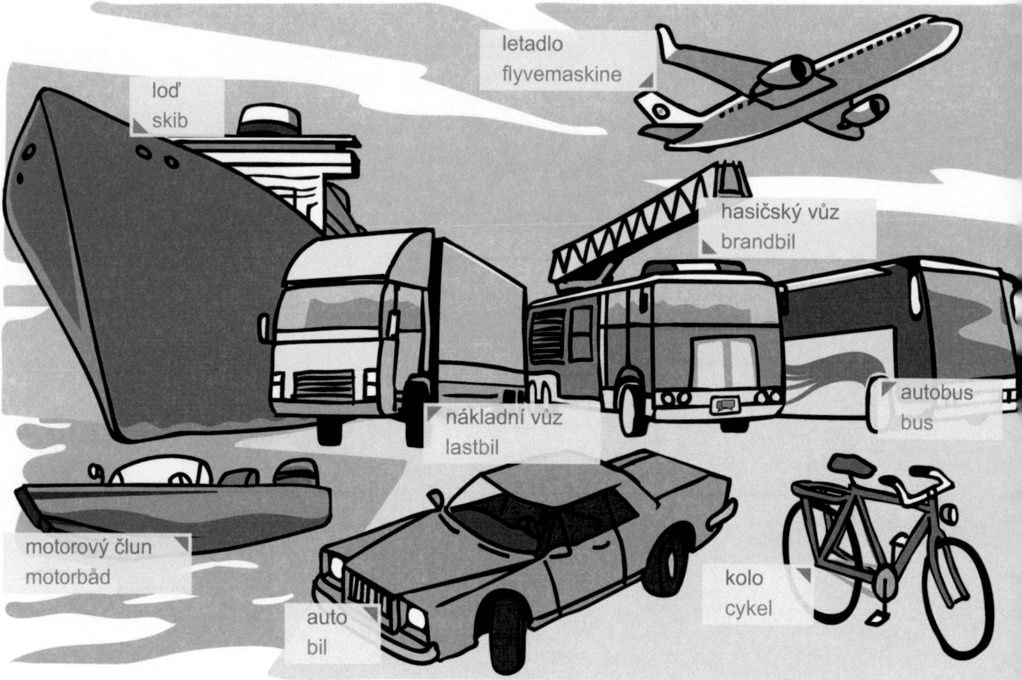
letadlo
flyvemaskine
loď
skib
hasičský vůz
brandbil
autobus
bus
nákladní vůz
lastbil
motorový člun
motorbåd
kolo
cykel
auto
bil

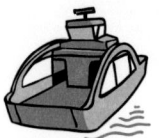

přívoz

færge

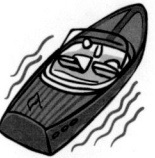

člun

båd

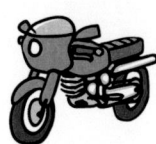

motorka

motorcykel

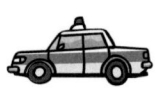

policejní auto

politibil

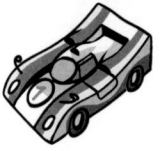

závodní auto

racerbil

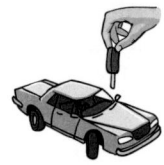

pronajaté auto

lejebil

sdílení aut

samkørsel

odtahová služba

kranbil

popelářský vůz

skraldebil

motor

motor

palivo

benzin

čerpací stanice

tankstation

dopravní značka

trafikskilt

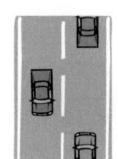

doprava

trafik

dopravní zácpa

trafikprop

parkoviště

parkeringsplads

vlakové nádraží

banegård

koleje

skinner

vlak

tog

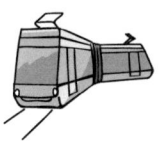

tramvaj

sporvogn

vagón

wagon

helikoptéra

helikopter

letiště

lufthavn

věž

tårn

pasažér

passager

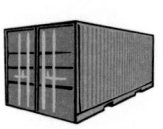

kontejner

container

kartón

karton

trakař

kærre

koš

kurv

vzlétnout / přistát

starte / lande

město

by

vesnice

landsby

střed města

bymidte

dům

hus

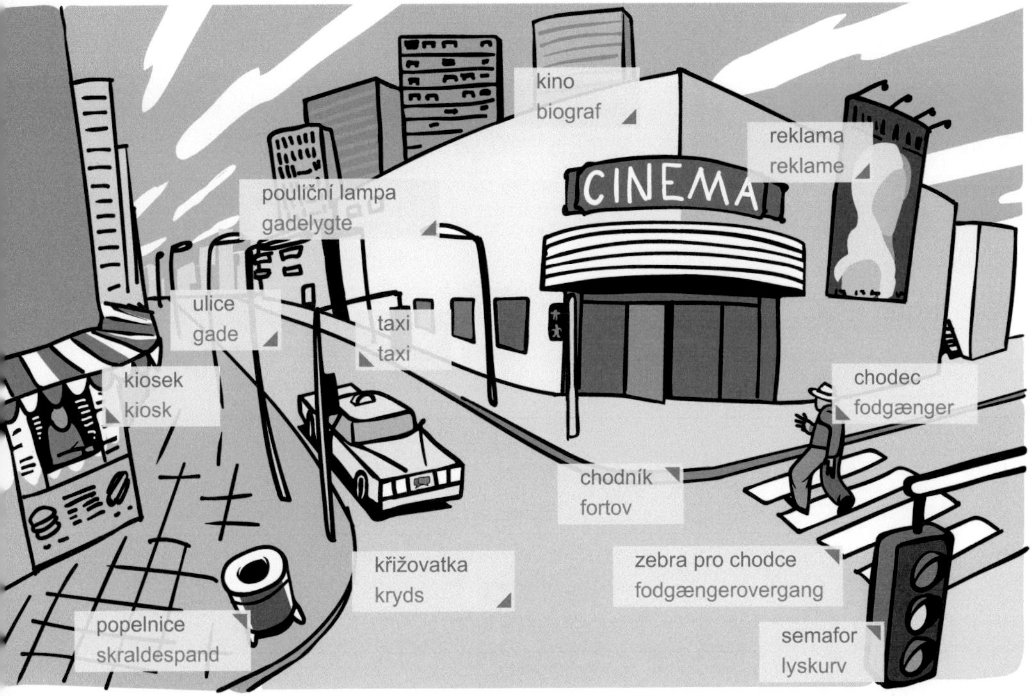

kino
biograf

reklama
reklame

pouliční lampa
gadelygte

CINEMA

ulice
gade

taxi
taxi

kiosek
kiosk

chodec
fodgænger

chodník
fortov

křižovatka
kryds

zebra pro chodce
fodgængerovergang

popelnice
skraldespand

semafor
lyskurv

chata

hytte

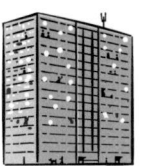

byt

lejlighed

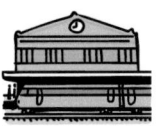

vlakové nádraží

banegård

radnice

rådhus

muzeum

museum

škola

skole

univerzita

universitet

banka

bank

nemocnice

sygehus

hotel

hotel

lékárna

apotek

kancelář

kontor

knihkupectví

boghandel

obchod

butik

květinářství

blomsterbutik

supermarket

supermarked

tržnice

marked

obchodní dům

stormagasin

rybárna

fiskehandler

nákupní centrum

butikscenter

přístav

havn

park

park

lavička

bænk

most

bro

schody

trappe

metro

undergrundsbane

tunel

tunnel

autobusová zastávka

busstoppested

bar

barnevogn

restaurace

restaurant

poštovní schránka

postkasse

pouliční tabule

vejskilt

parkovací hodiny

parkometer

zoo

zoo

plovárna

badeanstalt

mešita

moske

usedlost
bondegård

znečišťování životního prostředí
miljøforurening

hřbitov
kirkegård

církev
kirke

hřiště
legeplads

chrám
tempel

krajina
landskab

list
blad

rozcestník
vejviser

cesta
vej

louka
eng

kámen
sten

strom
træ

turista
vandrer

řeka
flod

tráva
græs

květina
blomst

údolí
dal

hora
bjerg

jezero
sø

les
skov

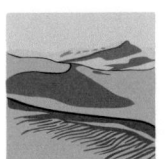

poušť
ørken

sopka
vulkan

zámek
slot

duha
regnbue

houba
svamp

palma
palme

komár
moskito

moucha
flue

mravenec
myre

včela
bi

pavouk
edderkop

brouk

bille

žába

frø

veverka

egern

ježek

pindsvin

zajíc

hare

sova

ugle

pták

fugl

labuť

svane

divoké prase

vildsvin

jelen

hjort

los

elg

přehrada

dæmning

větrné kolo

vindmølle

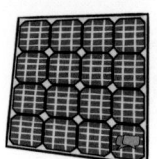

solární panel

solcellemodul

podnebí

klima

restaurace
restaurant

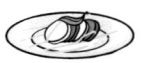

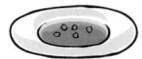

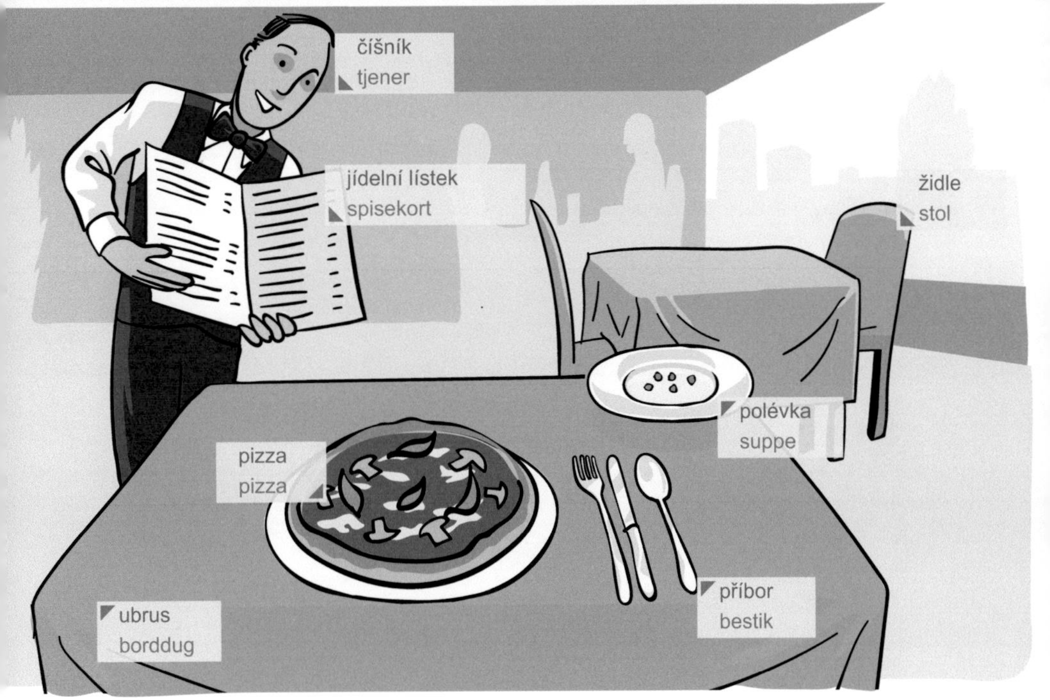

číšník
tjener
jídelní lístek
spisekort
židle
stol
polévka
suppe
pizza
pizza
příbor
bestik
ubrus
borddug

předkrm
forret

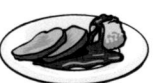

hlavní chod
hovedret

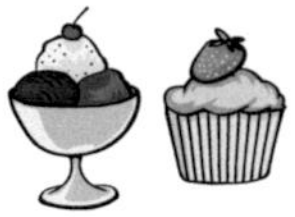

dezert
dessert

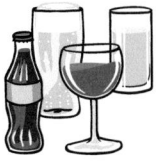

nápoje
drikkevarer

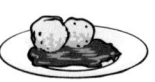

jídlo
mad

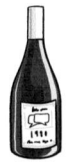

láhev
flaske

rychlé občerstvení

fastfood

pouliční občerstvení

streetfood

čajová konvice

tekande

cukřenka

sukkerdåse

porce

portion

kávovar na espresso

espressomaskine

dětská stolička

barnestol

faktura

faktura

tác

tablet

nůž

kniv

vidlička

gaffel

lžíce

ske

čajová lyžička

teske

ubrousek

serviet

sklenička

glas

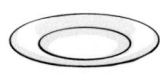

talíř

tallerken

talíř na polévku

dyb tallerken

podšálek

underkop

omáčka

sovs

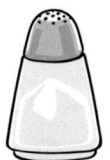

slánka

saltbøsse

mlýnek na pepř

peberkværn

ocet

eddike

olej

olie

koření

krydderier

kečup

ketchup

hořčice

sennep

majonéza

mayonnaise

supermarket
supermarked

nabídka
tilbud
FOR
zákazník
kunde
mléčné výrobky
mælkeprodukter
ovoce
frugt
nákupní vozík
indkøbsvogn

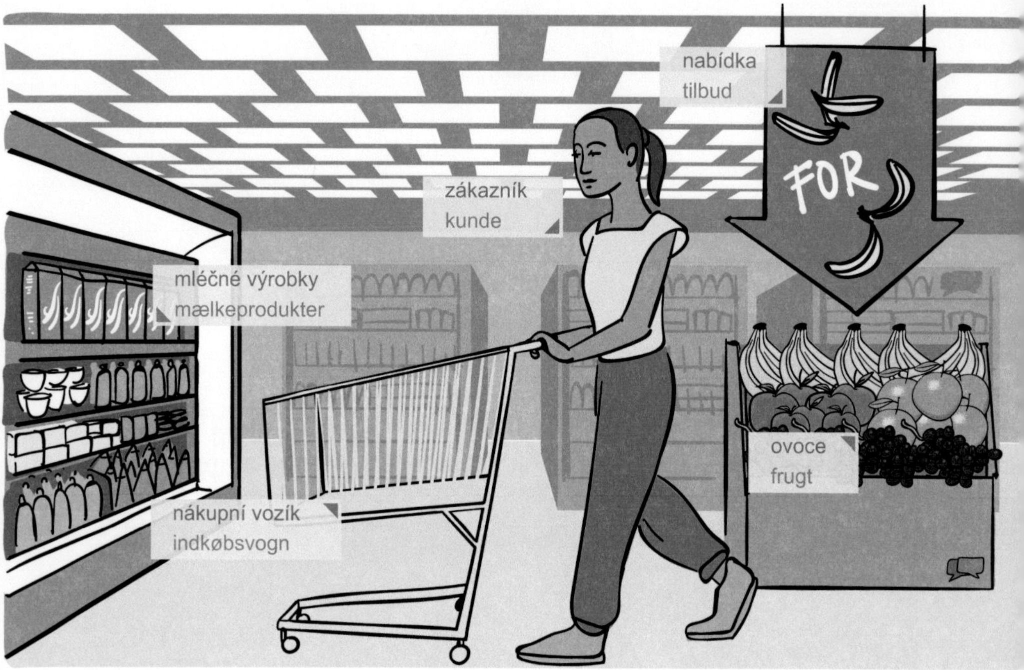

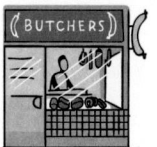

BUTCHERS

masna

slagter

BAKERY

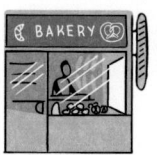

pekařství

bageri

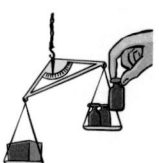

vážit

veje

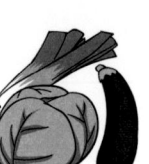

zelenina

grøntsager

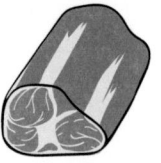

maso

kød

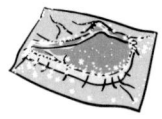

mražené potraviny

frostvarer

obložený talíř

pålæg

konzervy

konserves

prací prášek

vaskemiddel

cukrovinky

slik

výrobky pro domácnost

husholdningsvarer

čisticí prostředek

rengøringsmidler

prodavačka

ekspedient

pokladna

kasse

pokladní

kasserer

nákupní seznam

indkøbsliste

otevírací doba

åbningstider

peněženka

tegnebog

kreditní karta

kreditkort

taška

taske

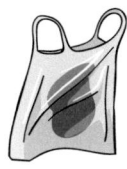

igelitová taška

plasticpose

voda

vand

džus

saft

mléko

mælk

kola

cola

víno

vin

pivo

øl

alkohol

alkohol

kakao

kakao

čaj

te

káva

kaffe

espresso

espresso

kapučíno

cappuccino

banán

banan

jablko

æble

pomeranč

appelsin

meloun

melon

citrón

citron

mrkev

gulerod

česnek

hvidløg

bambus

bambus

cibule

løg

houba

svamp

ořechy

nødder

těstoviny

nudler

špageti

spaghetti

rýže

ris

salát

salat

hranolky

pomfritter

americké brambory

stegte kartofler

pizza

pizza

hamburger

hamburger

sendvič

sandwich

řízek

schnitzel

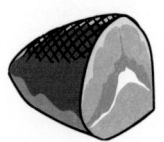

šunka

skinke

salám

salami

salám

pølse

kuře

kylling

pečeně

steg

ryby

fisk

ovesné vločky

havregryn

müsli

mysli

vločky

cornflakes

mouka

mel

croissant

croissant

houska

rundstykke

chléb

brød

toast

toast

sušenky

kiks

máslo

smør

tvaroh

kvark

buchta

kage

vejce

æg

volské oko

spejlæg

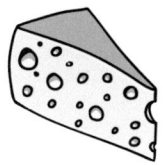

sýr

ost

zmrzlina

is

cukr

sukker

med

honning

marmeláda

marmelade

nugátový krém

nougat-creme

kari

karry

usedlost
bondegård

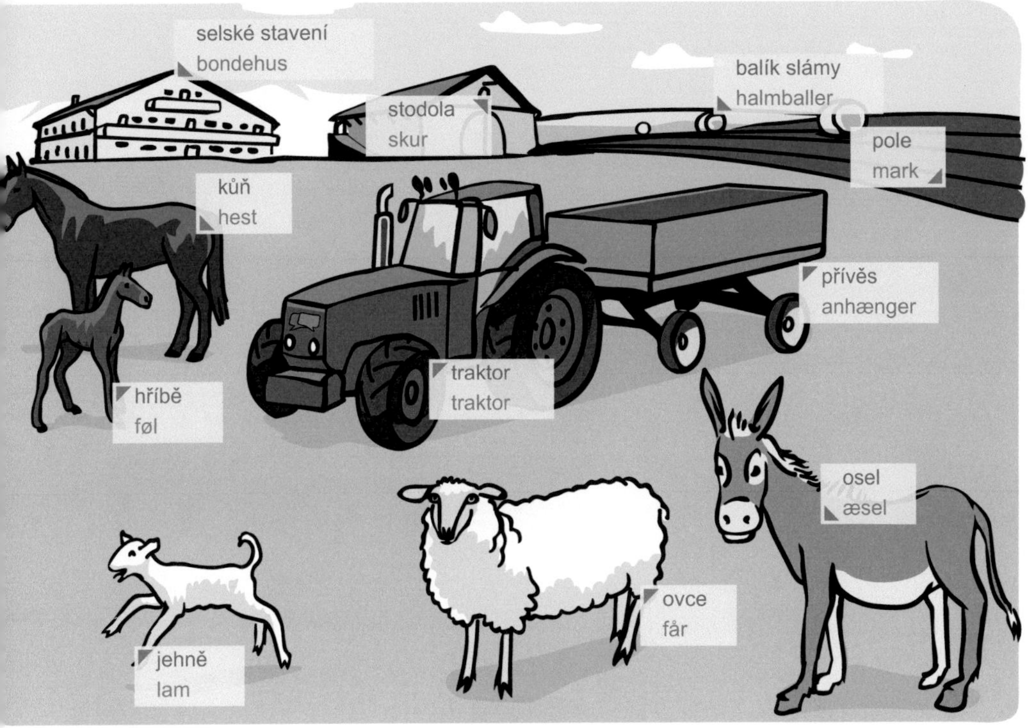

selské stavení
bondehus
stodola
skur
balík slámy
halmballer
pole
mark
kůň
hest
přívěs
anhænger
traktor
traktor
hříbě
føl
osel
æsel
ovce
får
jehně
lam

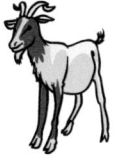

koza

ged

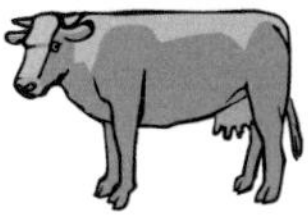

kráva

ko

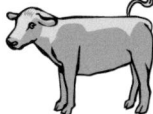

tele

kalv

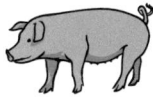

prase

svin

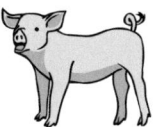

sele

gris

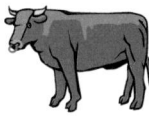

býk

tyr

husa

gås

kachna

and

kuře

kylling

slepice

høne

kohout

hane

krysa

rotte

kočka

kat

myš

mus

vůl

okse

pes

hund

psí bouda

hundehus

zahradní hadice

haveslange

kropicí konev

vandkande

kosa

le

pluh

plov

srp

segl

motyka

hakkejern

vidle

møggreb

sekera

økse

kolecko

trillebør

koryto

trug

konev na mléko

mælkekande

pytel

sæk

plot

hæk

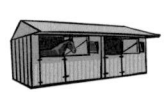

stáj

stald

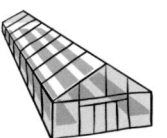

skleník

drivhus

půda

jord

osivo

frø

hnojivo

gødning

kombajn

mejetærsker

sklidit

høste

sklizeň

høst

smldinec

yams

pšenice

hvede

sója

soja

brambora

kartoffel

kukuřice

majs

řepka

raps

ovocný strom

frugttræ

maniok

maniok

obilí

korn

dům
hus

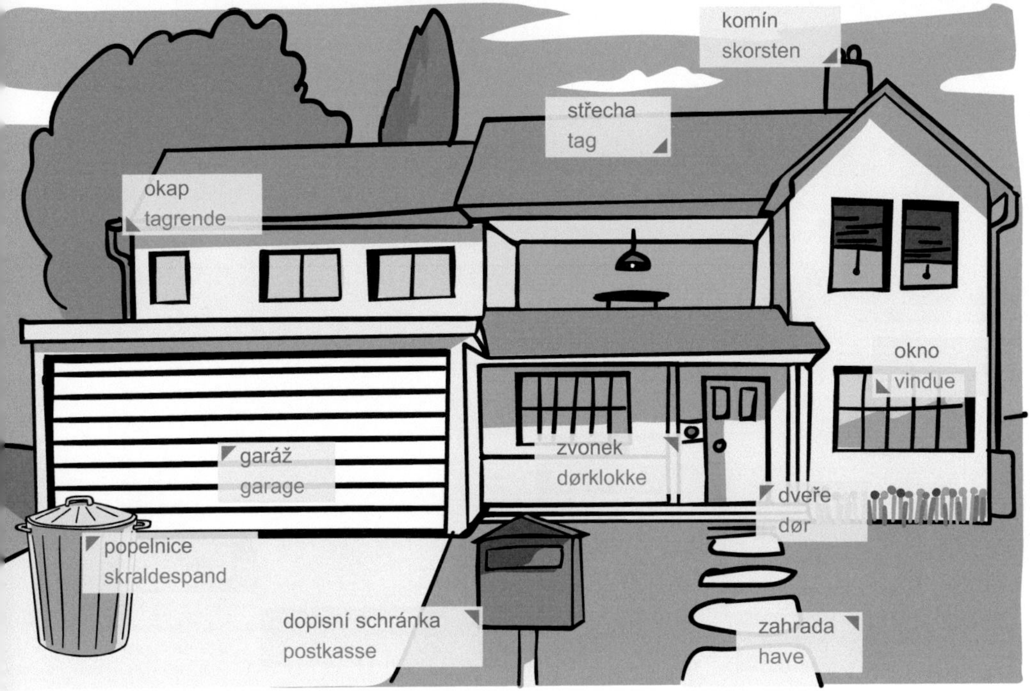
komín
skorsten
střecha
tag
okap
tagrende
okno
vindue
zvonek
dørklokke
garáž
garage
dveře
dør
popelnice
skraldespand
dopisní schránka
postkasse
zahrada
have

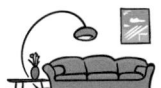

obývací pokoj

stue

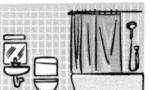

koupelna

badeværelse

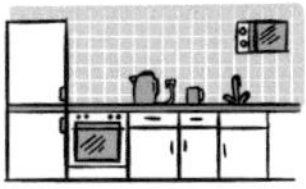

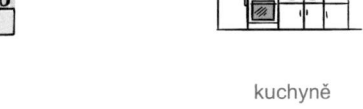

kuchyně

køkken

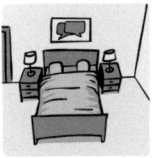

ložnice

soveværelse

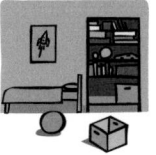

dětský pokoj

børneværelse

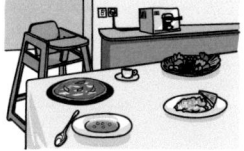

jídelna

spisestue

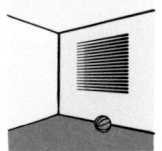

podlaha

gulv

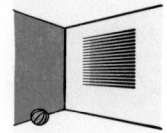

zeď

væg

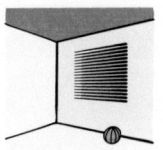

deka

loft

sklep

kælder

sauna

sauna

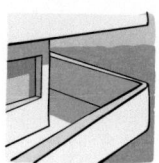

balkón

altan

terasa

terrasse

bazén

svømmehal

sekačka na trávu

plæneklipper

ložní prádlo

dynebetræk

lůžková přikrývka

dyne

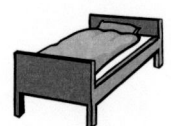

postel

seng

smeták

kost

kýbl

spand

vypínač

kontakt

obývací pokoj
stue

tapeta
tapet
obrázek
billede
žárovka
lampe
police
reol
skříň
skab
televizor
fjernsyn
komín
pejs
květina
blomst
polštář
pude
gauč
sofa
váza
vase
dálkový ovladač
fjernbetjening

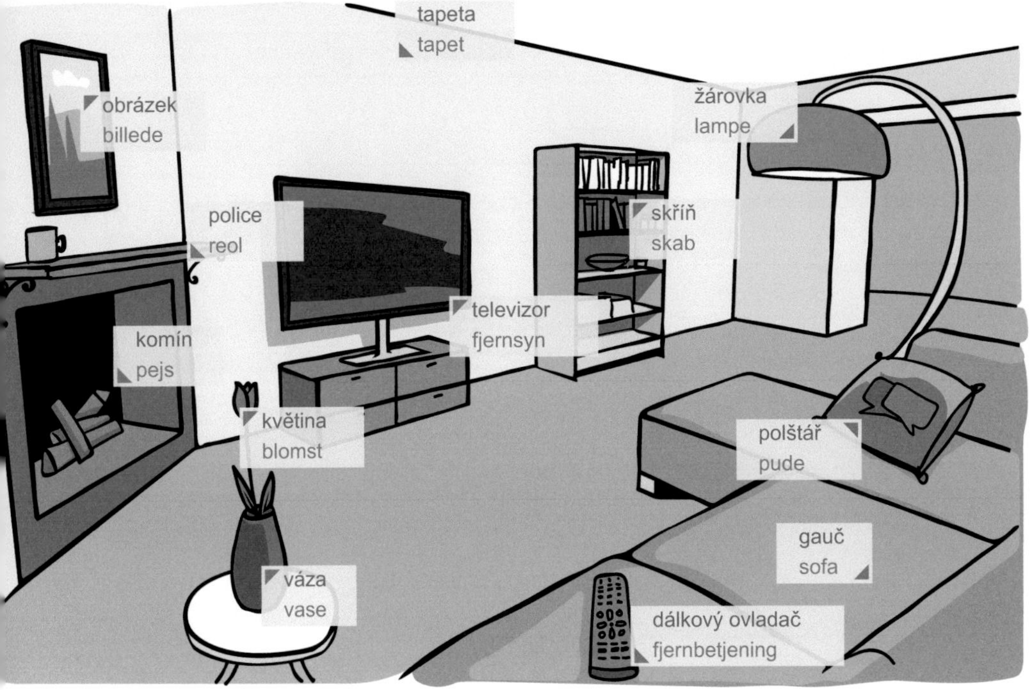

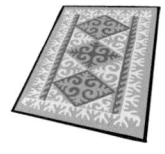

koberec

gulvtæppe

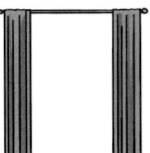

závěs

gardin

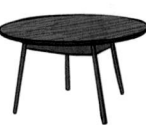

stůl

bord

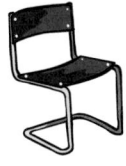

židle

stol

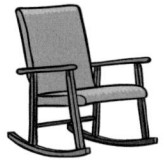

houpací křeslo

gyngestol

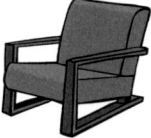

křeslo

lænestol

kniha

bog

strop

tæppe

ozdoba

dekoration

palivové dříví

brænde

film

film

stereo souprava

stereoanlæg

klíč

nøgle

noviny

avis

malba

maleri

plakát

plakat

rádio

radio

poznámkový blok

notesblok

vysavač

støvsuger

kaktus

kaktus

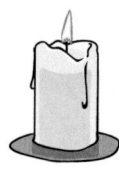

svíce

lys

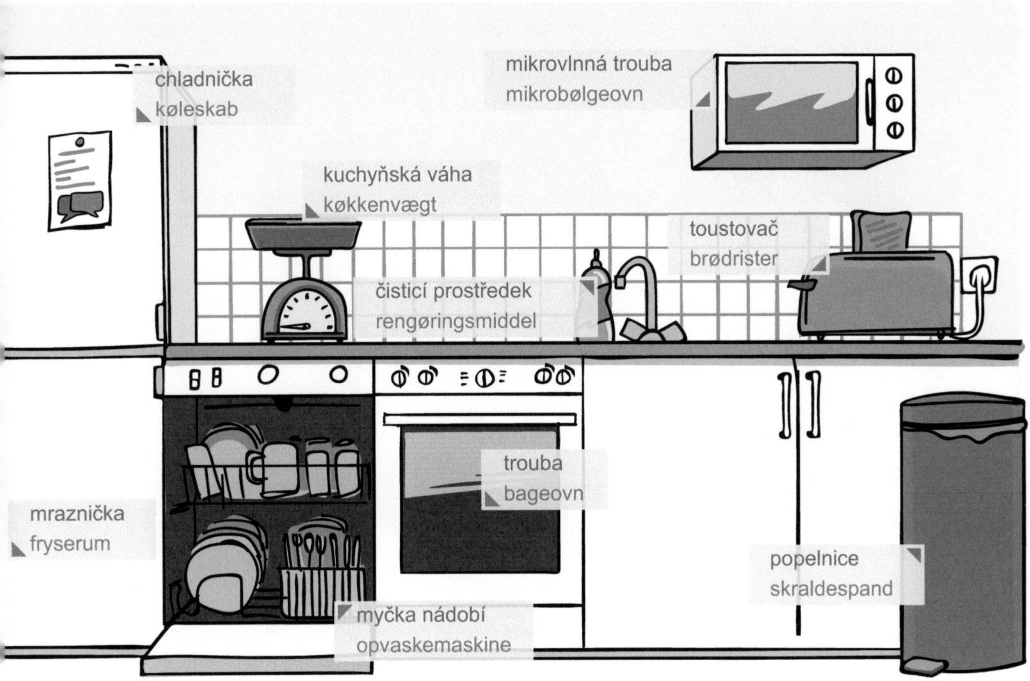

chladnička
køleskab

mikrovlnná trouba
mikrobølgeovn

kuchyňská váha
køkkenvægt

toustovač
brødrister

čisticí prostředek
rengøringsmiddel

mraznička
fryserum

trouba
bageovn

popelnice
skraldespand

myčka nádobí
opvaskemaskine

sporák

komfur

hrnec

gryde

litinový hrnec

jerngryde

wok / kadai

wok / kadai

pánev

pande

varná konvice

elkedel

parní hrnec

dampkoger

plech na pečení

bageplade

nádobí

service

hrnek

bæger

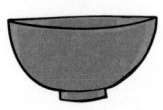

miska

skål

jídelní hůlky

spisepinde

naběračka

øseske

obracečka

paletkniv

metla

piskeris

síto

dørslag

cedník

si

struhadlo

rive

hmoždíř

morter

gril

grille

ohniště

ildsted

prkénko na krájení

skærebræt

váleček na těsto

kagerulle

vývrtka

proptrækker

dóza

dåse

otvírák na konzervy

dåseåbner

chňapka

grydelap

umyvadlo

køkkenvask

kartáč na nádobí

børste

houba

svamp

mixér

blender

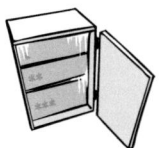

mrazák

dybfryser

dětská lahev

sutteflaske

kohoutek

vandhane

koupelna
badeværelse

topení
radiator
sprcha
brusebad
ručník
håndklæde
sprchový závěs
bruserforhæng
pěnová koupel
skumbad
vana
badekar
sklenička
glas
pračka
vaskemaskine
kohoutek
vandhane
obkladačky
fliser
nočník
tissepotte
umyvadlo
køkkenvask

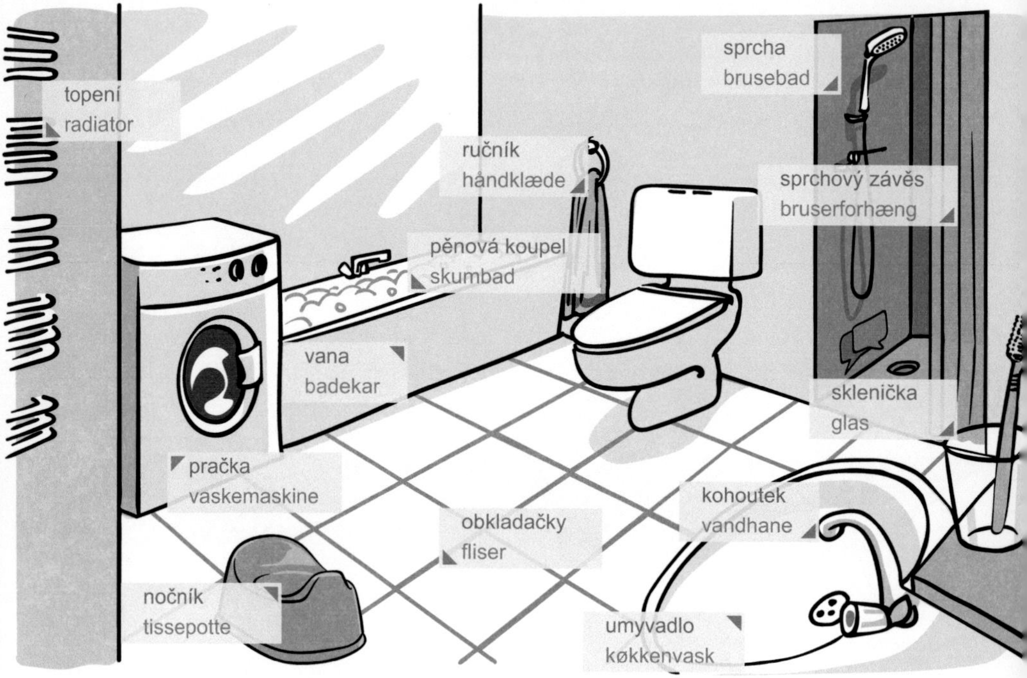

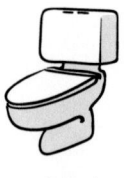

záchod

toilet

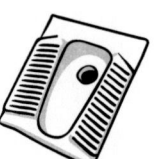

turecký záchod

hugsiddende toilet

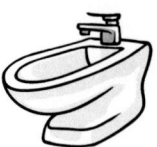

bidet

bidet

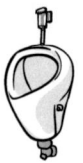

pisoár

pissoir

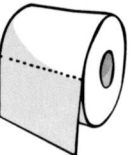

toaletní papír

toiletpapir

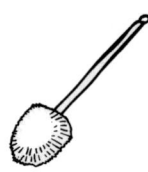

záchodová štětka

toiletbørste

zubní kartáček

tandbørste

zubní pasta

tandpasta

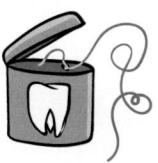

zubní niť

tandtråd

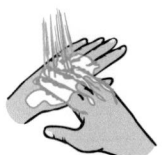

mýt

vaske

ruční sprcha

håndbruser

intimní sprcha

intimbruser

umyvadlo

vaskefad

kartáč na záda

badebørste

mýdlo

sæbe

sprchový gel

brusegele

šampón

shampoo

žínka

vaskeklud

odpad

afløb

krém

creme

deodorant

deodorant

zrcadlo

spejl

kosmetické zrcátko

kosmetikspejl

holicí strojek

barberhøvl

pěna na holení

barberskum

voda po holení

barbervand

hřeben

kam

kartáč

børste

fén

hårtørrer

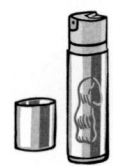

lak na vlasy

hårspray

makeup

makeup

rtěnka

læbestift

lak na nehty

neglelak

vata

vat

nůžky na nehty

neglesaks

parfém

parfume

aška s toaletními potřebami

toilettaske

stolička

skammel

váha

vægt

župan

badekåbe

gumové rukavice

gummihandsker

tampón

tampon

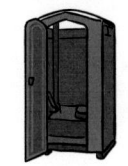
dámská vložka

damebind

chemická toaleta

kemisk toilet

dětský pokoj
børneværelse

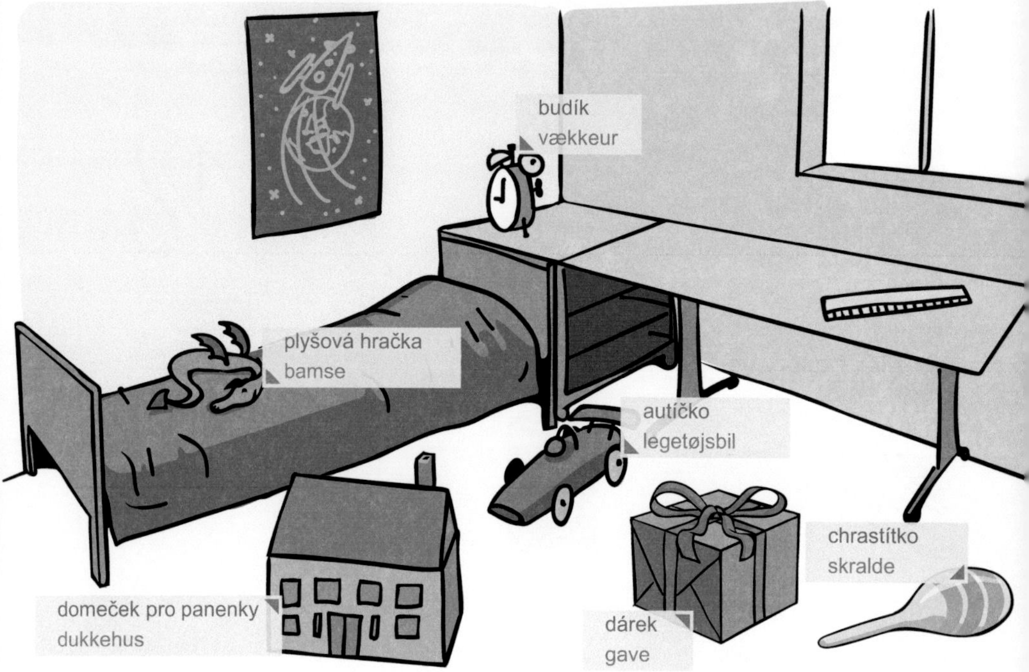
budík
vækkeur
plyšová hračka
bamse
autíčko
legetøjsbil
chrastítko
skralde
domeček pro panenky
dukkehus
dárek
gave

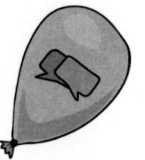

balón

ballon

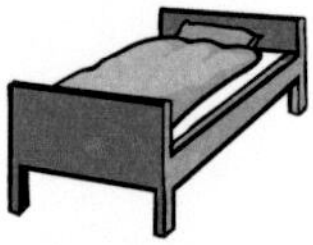

postel

seng

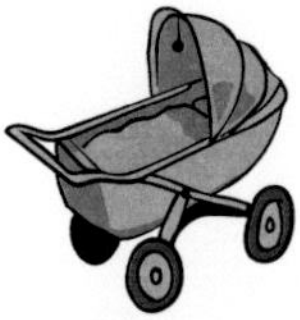

kočárek

barnevogn

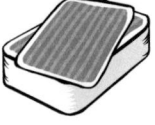

balíček karet

kortspil

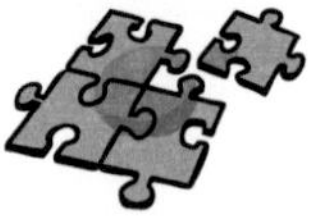

puzzle

puslespil

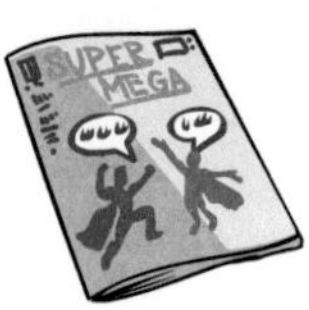
SUPER MEGA

komiks

tegneserie

lego kostky

legoklodser

stavebnice

byggeklodser

akční figurka

action figur

dupačky

sparkedragt

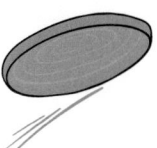

frisbee

frisbee

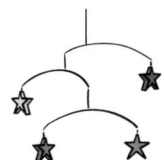

závěsné hračky nad postýlku

uro

desková hra

brætspil

kostky

terning

modelová železnice

modeljernbane

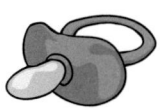

dudlík

sut

oslava

fest

obrázková kniha

billedbog

míč

bold

panenka

dukke

hrát si

lege

pískoviště

sandkasse

houpačka

gynge

hračky

legetøj

hrací konzole

spillekonsol

tříkolka

trehjulet cykel

medvídek

bamse

šatník

klædeskab

oblečení

tøj

ponožky

sokker

punčochy

strømper

punčochové kalhoty

strømpebukser

šála
sjal

deštník
paraply

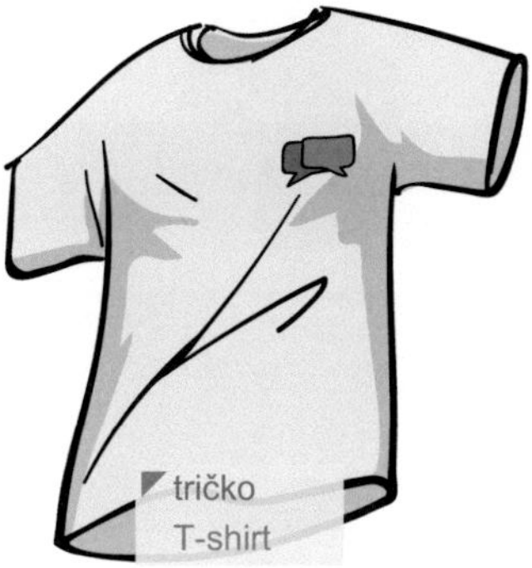

tričko
T-shirt

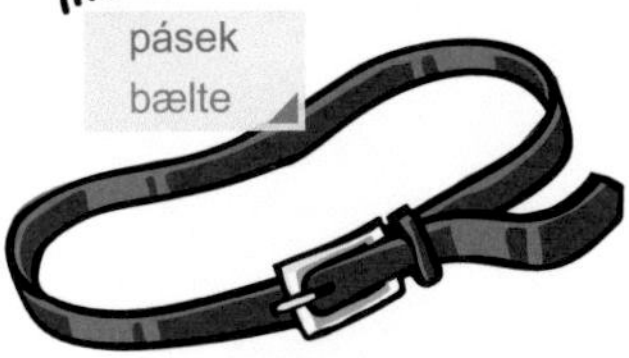

pásek
bælte

kozačky
støvler

domácí obuv
hjemmesko

tenisky
sneakers

sandály
sandaler

obuv
sko

holínky
gummistøvler

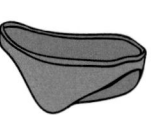

spodní prádlo
underbukser

podprsenka
BH

nátělník
undertrøje

body
body

kalhoty
bukser

džíny
jeans

sukně
nederdel

blůza
bluse

košile
skjorte

svetr
pullover

mikina
sweatshirt

blejzr
blazer

bunda
jakke

kabát
frakke

pláštěnka
regnfrakke

kostým
kostume

šaty
kjole

svatební šaty
brudekjole

oblek

jakkesæt

noční košile

nattrøje

pyžamo

pyjamas

sárí

sari

šátek na hlavu

hovedtørklæde

turban

turban

burka

burka

kaftan

kaftan

abája

abaya

plavky

badedragt

pánské plavky

badebukser

kraťasy

korte bukser

tepláková souprava

træningsdragt

zástěra

forklæde

rukavice

handsker

knoflík
....
knap

brýle
....
briller

náramek
....
armbånd

náhrdelník
....
kæde

prsten
....
ring

náušnice
....
ørering

čepice
....
hue

ramínko
....
bøjle

klobouk
....
hat

kravata
....
slips

zip
....
lynlås

helma
....
hjelm

kšandy
....
seler

školní uniforma
....
skoleuniform

uniforma
....
uniform

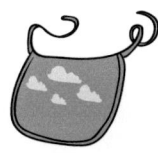

bryndák

hagesmæk

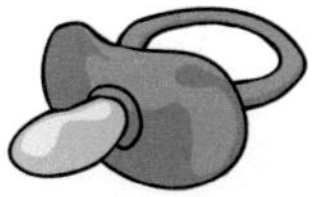

dudlík

sut

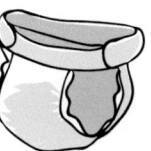

plena

ble

kancelář

kontor

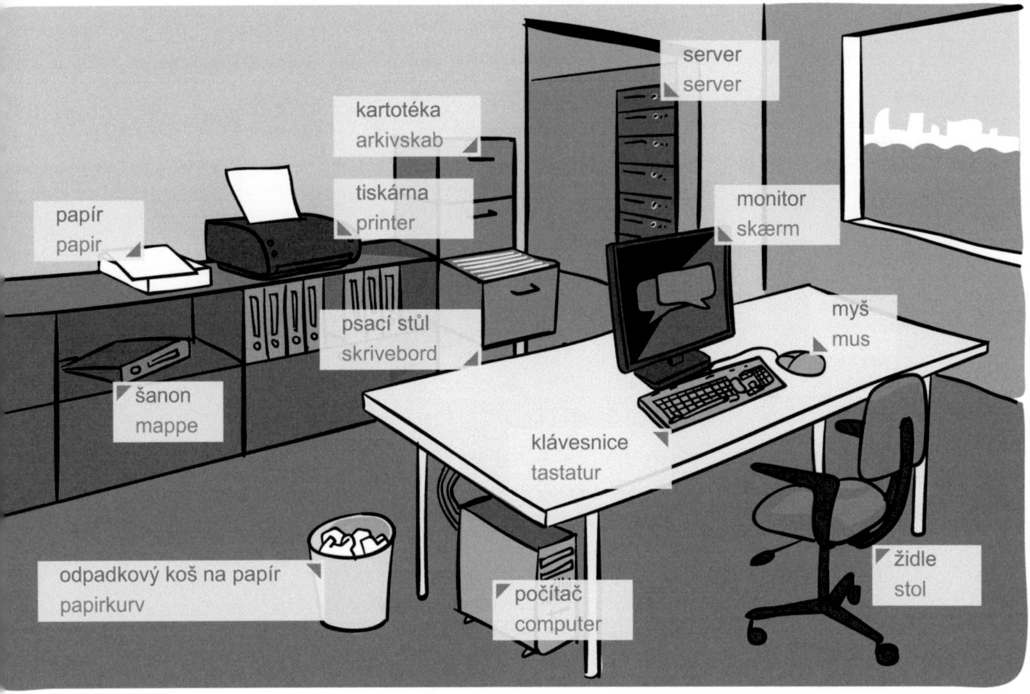
server
server
kartotéka
arkivskab
tiskárna
printer
papír
papir
monitor
skærm
myš
mus
psací stůl
skrivebord
šanon
mappe
klávesnice
tastatur
odpadkový koš na papír
papirkurv
počítač
computer
židle
stol

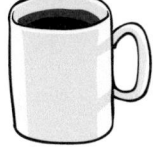

hrnek na kávu

kaffekrus

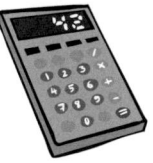

kalkulačka

lommeregner

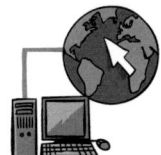

internet

internet

notebook

bærbar

dopis

brev

zpráva

besked

mobil

mobil

síť

netværk

kopírka

kopimaskine

software

software

telefon

telefon

zásuvka

stikdåse

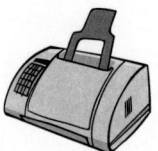

fax

fax

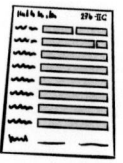

formulář

formular

dokument

dokument

nakupovat

købe

zaplatit

betale

jednat

handle

peníze

penge

dolar

dollar

EUR

euro

euro

jen

yen

rubl

rubel

frank

schweizerfranc

juan

renminbi yuan

rupie

rupee

bankomat

hæveautomat

směnárna

vekselkontor

zlato

guld

stříbro

sølv

olej

olie

energie

energi

cena

pris

smlouva

kontrakt

daň

skat

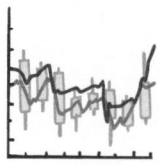

akcie

aktie

pracovat

arbejde

zaměstnanec

ansat

zaměstnavatel

arbejdsgiver

továrna

fabrik

obchod

butik

povolání
erhverv

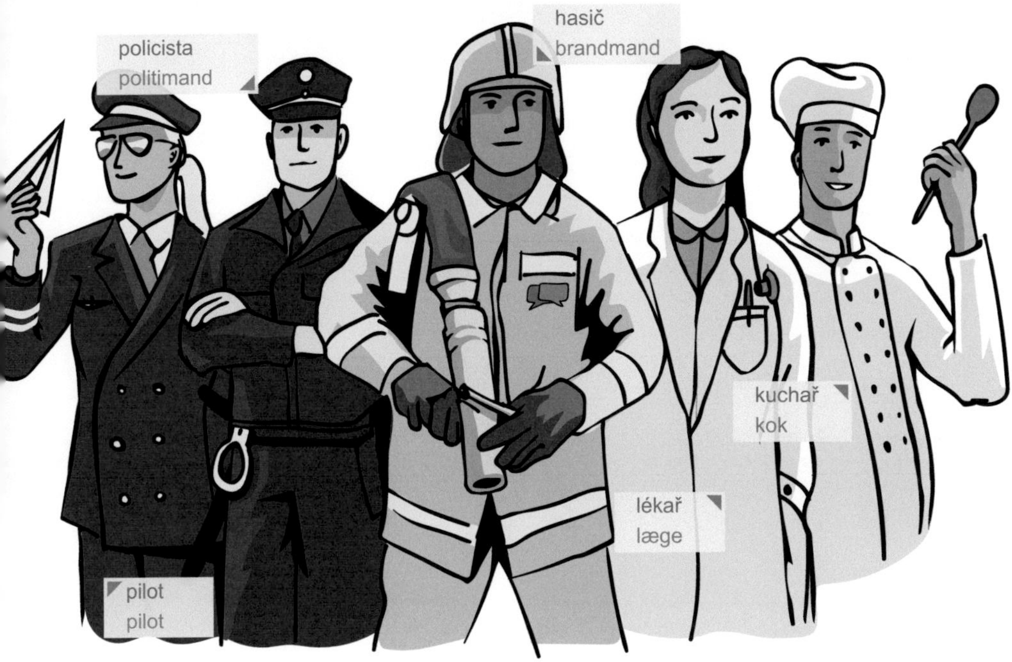
policista
politimand
hasič
brandmand
kuchař
kok
lékař
læge
pilot
pilot

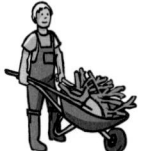

zahradník
gartner

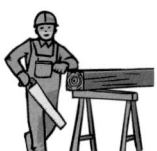

truhlář
tømrer

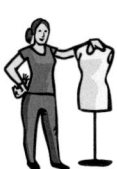

švadlena
syerske

soudce
dommer

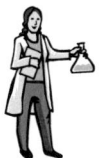

chemik
kemiker

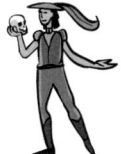

herec
skuespiller

řidič autobusu

buschauffør

řidič taxi

taxachauffør

rybář

fisker

uklízečka

rengøringskone

pokrývač

tagdækker

číšník

tjener

myslivec

jæger

malíř

maler

pekař

bager

elektrikář

elektriker

stavební dělník

bygningsarbejder

inženýr

ingeniør

řezník

slagter

klempíř

vvs-mand

listonoš

postbud

voják
soldat

architekt
arkitekt

pokladní
kasserer

florista
blomsterhandler

kadeřník
frisør

průvodčí
togfører

mechanik
mekaniker

kapitán
kaptajn

zubař
tandlæge

vědec
videnskabsmand

rabín
rabbiner

imám
imam

mnich
munk

duchovní
præst

nářadí
værktøj

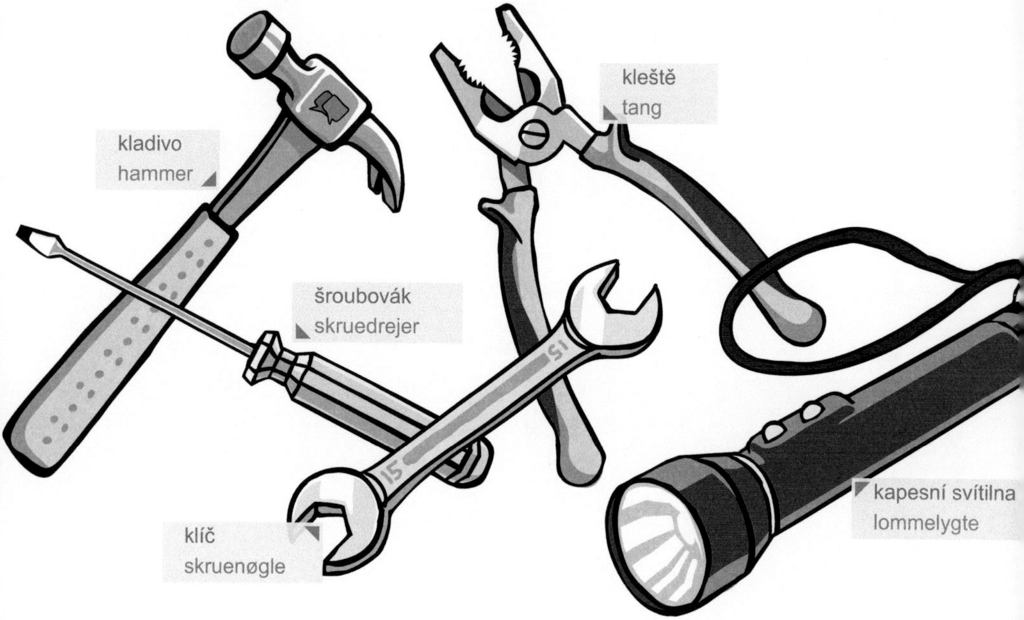

kladivo
hammer

kleště
tang

šroubovák
skruedrejer

klíč
skruenøgle

kapesní svítilna
lommelygte

bagr

gravemaskine

skříň na nářadí

værktøjskasse

žebřík

stige

pila

sav

hřebíky

søm

vrtačka

bor

56

nářadí - værktøj

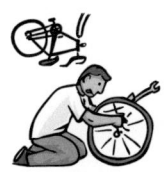

opravit

reparere

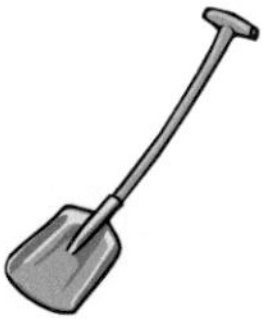

lopata

skovl

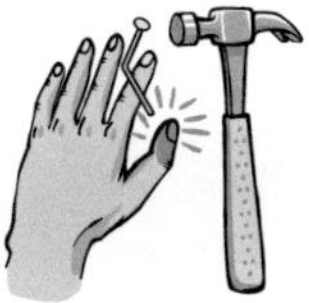

Kurva!

Lort!

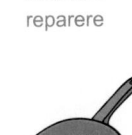

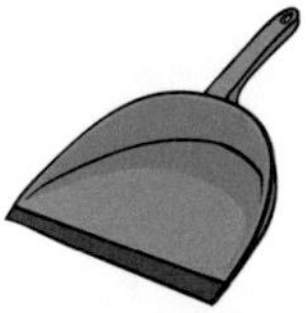

lopatka

fejebakke

vědroé na barvu

malerspand

šrouby

skruer

hudební nástroje
musikinstrumenter

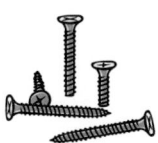

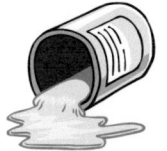

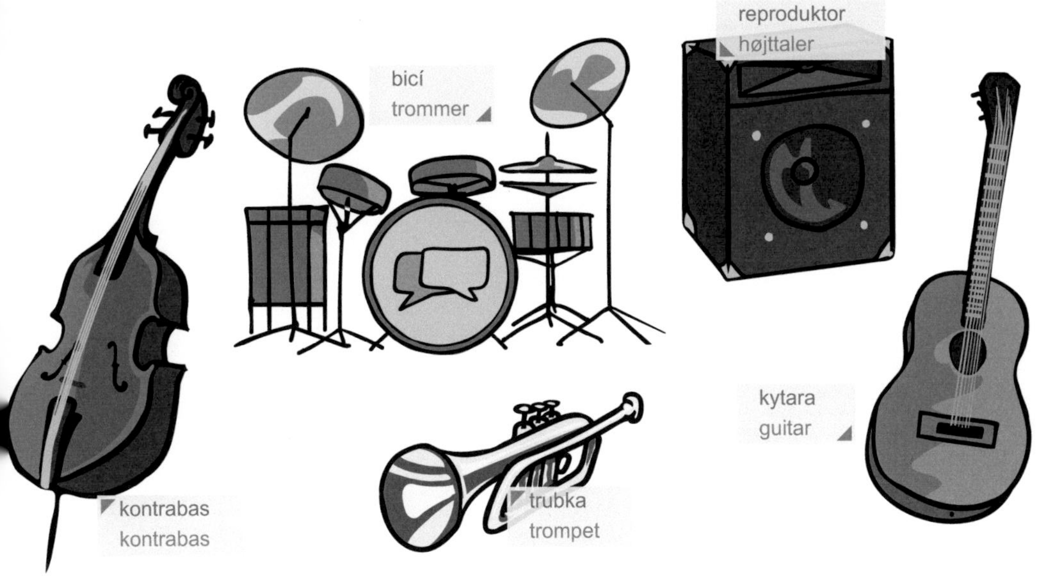
reproduktor
højttaler
bicí
trommer
kytara
guitar
kontrabas
kontrabas
trubka
trompet

klavír

klaver

housle

violin

basa

bas

tympán

pauke

bubny

tromme

keyboard

keyboard

saxofon

saxofon

flétna

fløjte

mikrofon

mikrofon

ZOO

ZOO

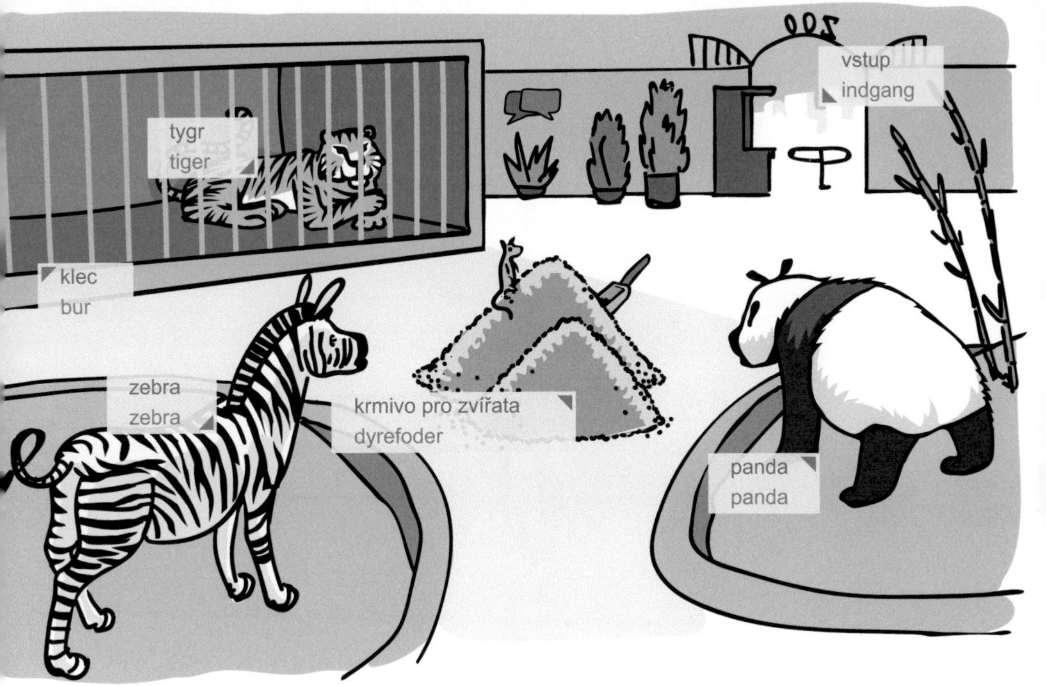

vstup
indgang
tygr
tiger
klec
bur
zebra
zebra
krmivo pro zvířata
dyrefoder
panda
panda

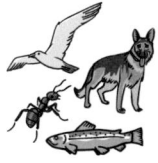

zvířata

dyr

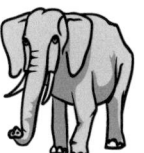

slon

elefant

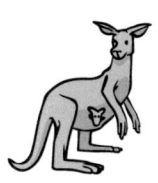

klokan

kænguru

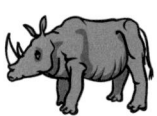

nosorožec

næsehorn

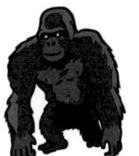

gorila

gorilla

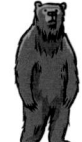

medvěd

bjørn

velbloud

kamel

pštros

struds

lev

løve

opice

abe

plameňák

flamingo

papoušek

papegøje

lední medvěd

isbjørn

tučňák

pingvin

žralok

haj

páv

påfugl

had

slange

krokodýl

krokodille

ošetřovatel zvířat

dyrepasser

tuleň

sæl

jaguár

jaguar

poník

pony

leopard

leopard

hroch

flodhest

žirafa

giraf

orel

ørn

divoké prase

vildsvin

ryby

fisk

želva

skildpadde

mrož

hvalros

liška

ræv

gazela

gazelle

americký fotbal
amerikansk football

cyklistika
cykling

tenis
tennis

košíková
basketball

plavání
svømning

box
boksning

lední hokej
ishockey

kopaná
fodbold

badminton
badminton

lehká atletika
atletik

házená
håndbold

běh na lyžích
skiløb

vodní pólo
polo

aktivity
aktiviteter

skočit
springe
objímat
give et knus
smát se
grine
jít
gå
zpívat
synge
snít
drømme
modlit se
bede
políbit
kysse

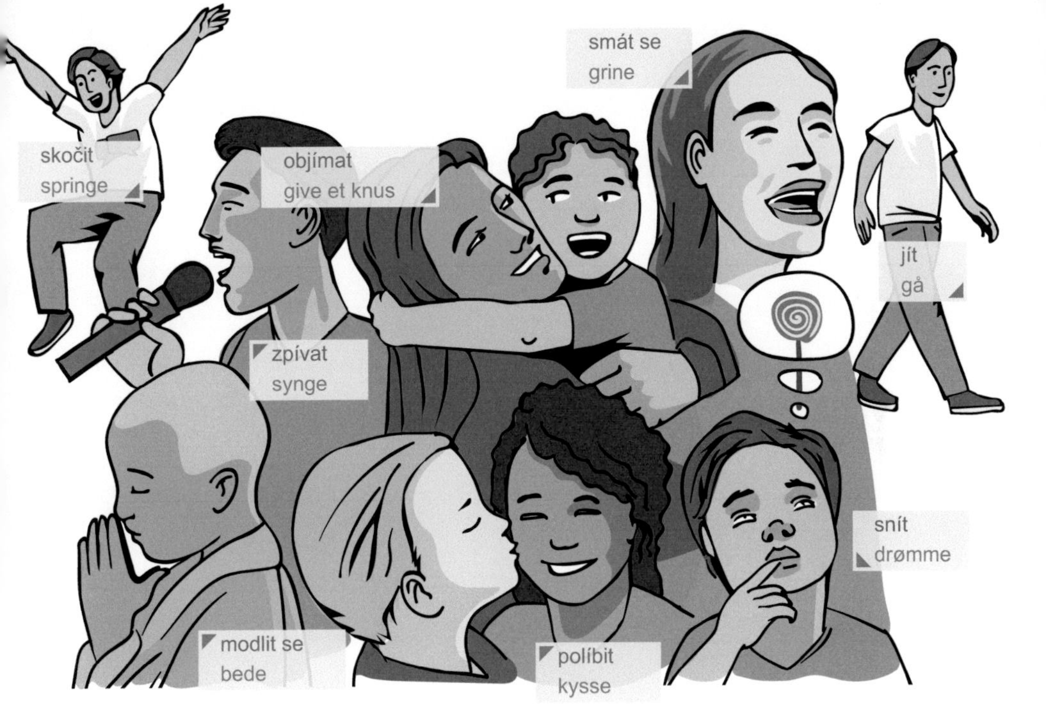

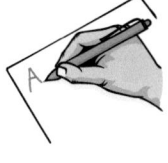

psát
skrive

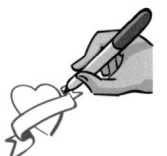

kreslit
tegne

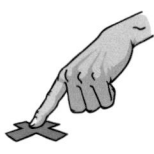

ukazovat
vise

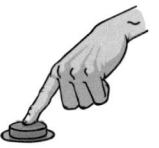

tlačit
skubbe

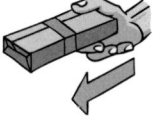

dát
give

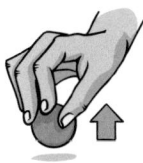

vzít si
tage

mít

have

dělat

gøre

být

være

stát

stå

běhat

løbe

táhnout

trække

hodit

kaste

padat

falde

ležet

ligge

čekat

vente

nosit

bære

sedět

sidde

oblékat

tage på

spát

sove

vzbudit se

vågne

prohlédnout si

se på

plakat

græde

pohladit

ae

česat

kæmme

hovořit

tale

rozumět

forstå

ptát se

spørge

slyšet

høre

pít

drikke

jíst

spise

uklidit

rydde op

milovat

elske

vařit

koge

jet

køre

letět

flyve

aktivity - aktiviteter

plachtit

sejle

počítat

regne

číst

læse

učit se

lære

pracovat

arbejde

vzít si

gifte sig med

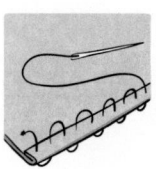

šít

sy

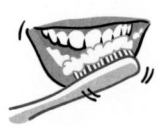

čistit si zuby

børste tænder

zabít

dræbe

kouřit

ryge

poslat

sende

babička / bedstemor

dědeček / bedstefar

otec / far

matka / mor

dítě / baby

dcera / datter

syn / søn

host
gæst

teta
tante

strýc
onkel

bratr
bror

sestra
søster

tělo
krop

čelo
pande
oko
øje
rameno
skulder
prst
finger
obličej
ansigt
brada
hage
ruka
hånd
dolní končetina
ben
hruď
bryst
paže
arm

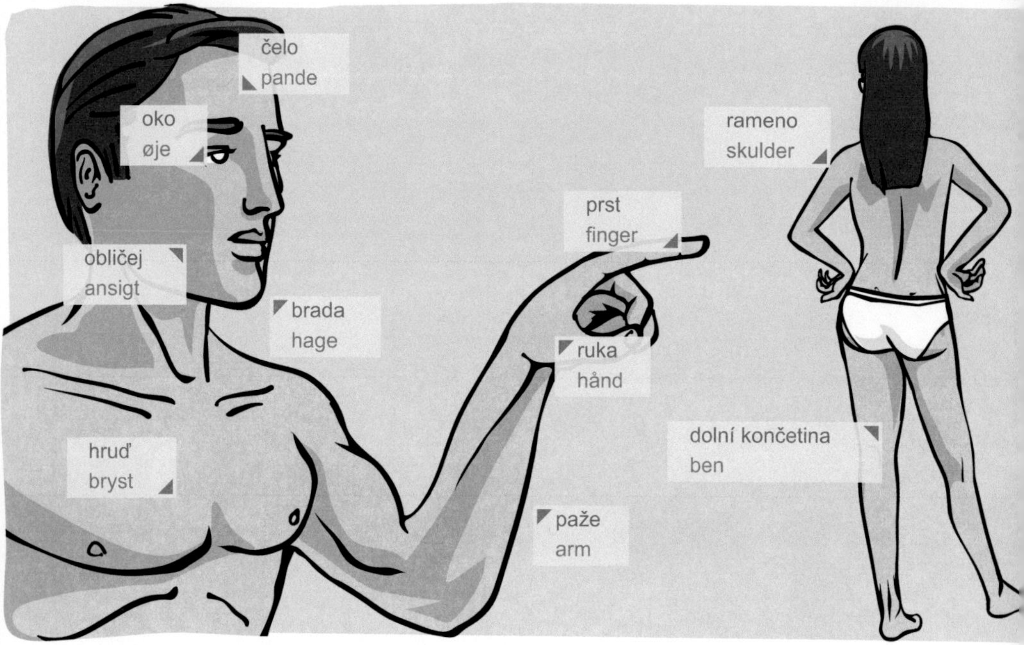

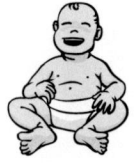

dítě
baby

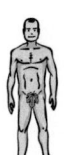

muž
mand

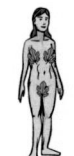

žena
kvinde

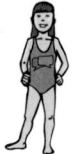

dívka
pige

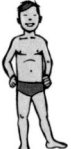

chlapec
dreng

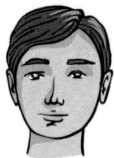

hlava
hoved

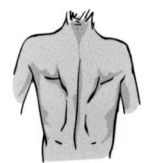

záda

ryg

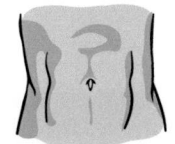

břicho

mave

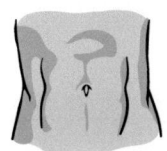

pupík

navle

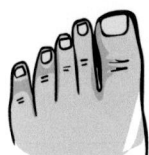

prst na noze

tå

pata

hæl

kost

knogle

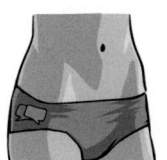

bok

hofte

koleno

knæ

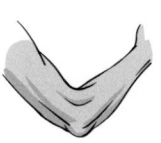

loket

albue

nos

næse

zadek

bagdel

kůže

hud

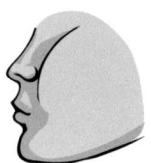

tvář

kind

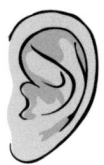

ucho

øre

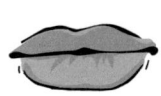

ret

læbe

ústa

mund

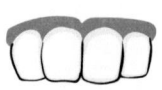

zub

tand

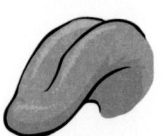

jazyk

tunge

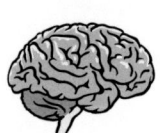

mozek

hjerne

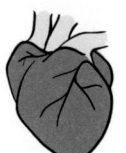

srdce

hjerte

sval

muskel

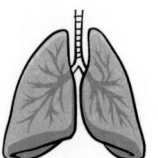

plíce

lunge

játra

lever

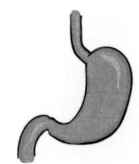

žaludek

mavesæk

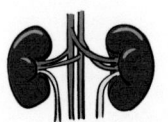

ledviny

nyrer

pohlavní styk

sex

kondom

kondom

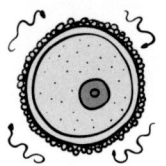

vajíčko

ægcelle

sperma

sperm

těhotenství

svangerskab

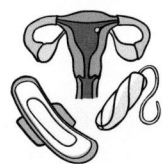

menstruace

menstruation

vagina

vagina

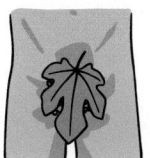

penis

penis

obočí

øjenbryn

vlasy

hår

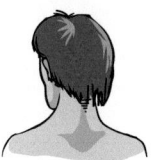

krk

hals

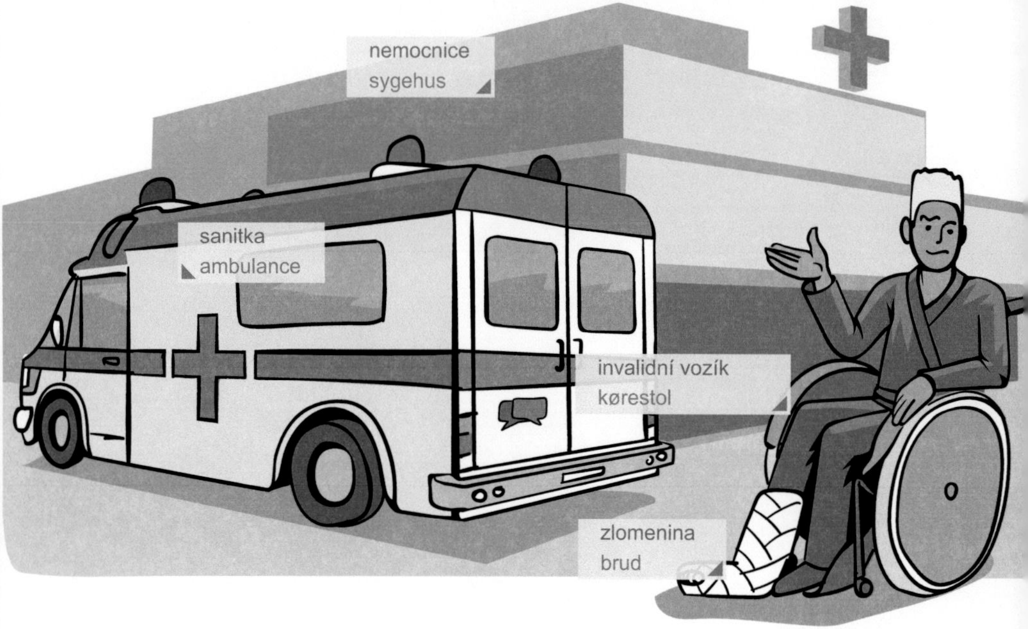

nemocnice
sygehus

nemocnice
sygehus
sanitka
ambulance
invalidní vozík
kørestol
zlomenina
brud

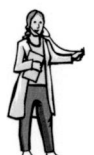

lékař

lægе

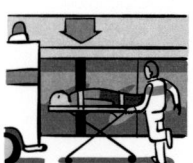

pohotovost

akutmodtagelse

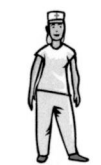

zdravotní sestra

sygeplejerske

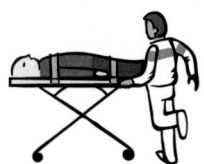

urgentní případ

nødstilfælde

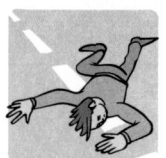

v bezvědomí

bevidstløs

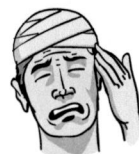

bolest

smerte

úraz

skade

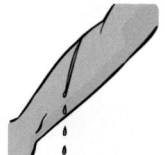

krvácení

blødning

infarkt myokardu

hjerteinfarkt

cévní mozková příhoda

slagtilfælde

alergie

allergi

kašel

hoste

horečka

feber

chřipka

influenza

průjem

diarré

bolest hlavy

hovedpine

rakovina

kræft

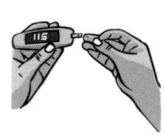

cukrovka

diabetes

chirurg

kirurg

skalpel

skalpel

operace

operation

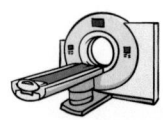

CT

CT

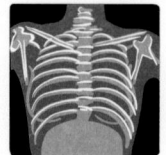

rentgen

røntgen

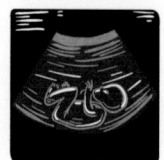

ultrazvuk

ultralyd

maska

maske

nemoc

sygdom

čekárna

venteværelse

berle

krykke

náplast

plaster

obvaz

forbinding

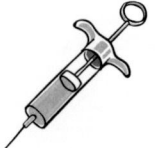

injekce

injektion

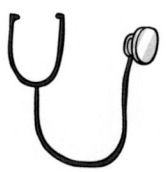

stetoskop

stetoskop

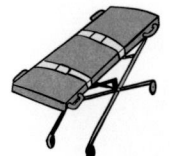

nosítka

båre

teploměr

termometer

porod

fødsel

nadváha

overvægt

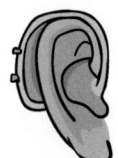

naslouchátko

høreapparat

dezinfekční prostředek

desinficerende middel

infekce

infektion

virus

virus

HIV / AIDS

HIV / AIDS

lékařství

medicin

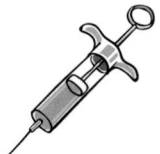

očkování

vaccination

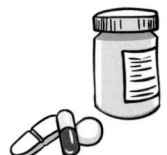

tablety

tabletter

pilulka

pille

tísňové volání

nødopkald

tonometr

blodtryksmåler

nemocný / zdravý

syg / rask

Pomoc!

Hjælp!

poplach

alarm

přepadení

overfald

napadení

angreb

nebezpečí

fare

nouzový východ

nødudgang

Hoří!

Det brænder!

hasicí přístroj

ildslukker

nehoda

uheld

zdravotnická brašna

førstehjælps-kuffert

SOS

SOS

policie

politi

Evropa

Europa

Severní Amerika

Nordamerika

Jižní Amerika

Sydamerika

Afrika

Afrika

Asie

Asien

Austrálie

Australien

Atlantik

Atlanterhavet

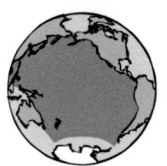

Pacifik

Stillehavet

Indický oceán

Indiske Ocean

Jižní ledový oceán

Sydlige Ishav

Severní ledový oceán

Ishav

severní pól

Nordpol

jižní pól
....
Sydpol

Antarktida
....
Antarktis

země
....
Jorden

pevnina
....
land

moře
....
hav

ostrov
....
ø

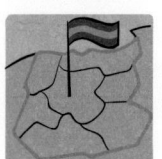

národ
....
nation

stát
....
stat

ciferník

urskive

hodinová ručička

timeviser

minutová ručička

minutviser

vteřinová ručička

sekundviser

Kolik je hodin?

Hvad er klokken?

den

dag

čas

tid

teď

nu

digitální hodinky

digitalur

minuta

minut

hodina

time

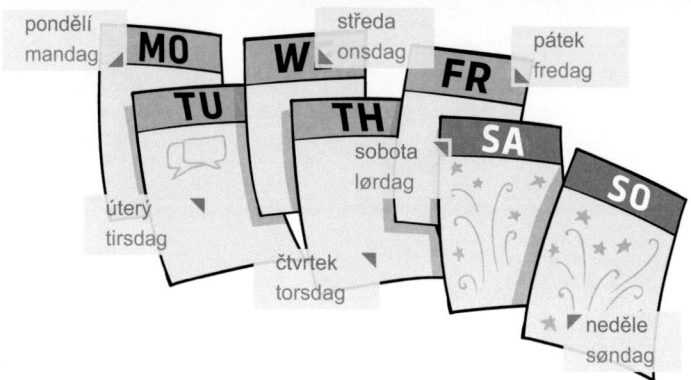

pondělí
mandag

středa
onsdag

pátek
fredag

úterý
tirsdag

sobota
lørdag

čtvrtek
torsdag

neděle
søndag

včera

i går

dnes

i dag

zítra

i morgen

ráno

morgen

poledne

middag

večer

aften

MO	TU	WE	TH	FR	SA	SU
1	2	3	4	5	6	7
8	9	10	11	12	13	14
15	16	17	18	19	20	21
22	23	24	25	26	27	28
29	30	31	1	2	3	4

pracovní dny

arbejdsdage

MO	TU	WE	TH	FR	SA	SU
1	2	3	4	5	6	7
8	9	10	11	12	13	14
15	16	17	18	19	20	21
22	23	24	25	26	27	28
29	30	31	1	2	3	4

víkend

weekend

déšť
regn

duha
regnbue

vítr
vind

sníh
sne

jaro
forår

léto
sommer

podzim
efterår

zima
vinter

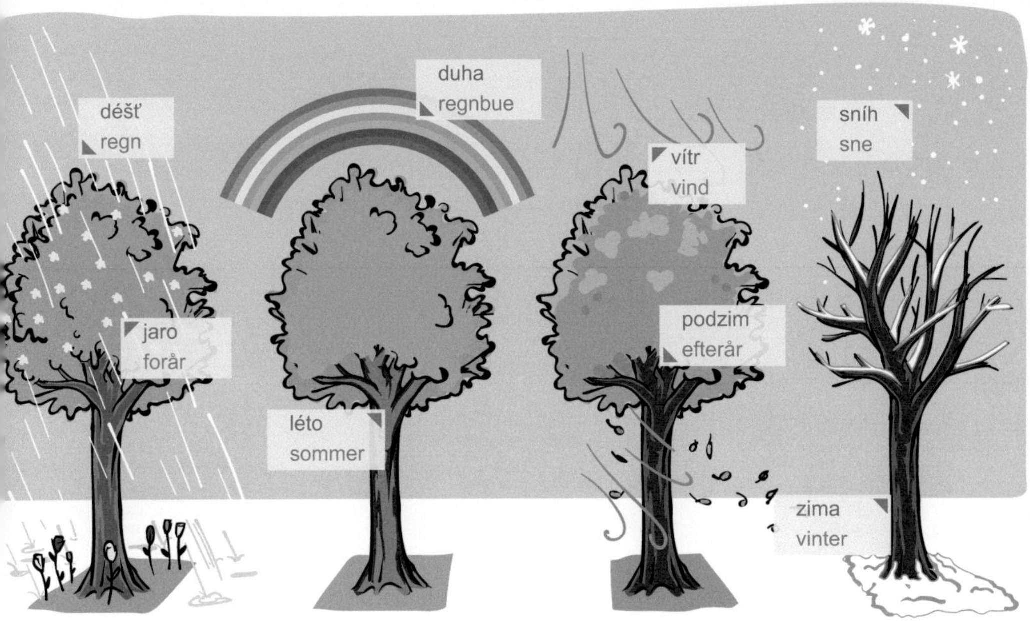

předpověď počasí

vejrudsigt

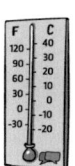

teploměr

termometer

sluneční svit

solskin

mrak

sky

mlha

tåge

vlhkost

luftfugtighed

blesk

lyn

hrom

torden

bouřka

storm

kroupy

hagl

monzun

monsun

povodeň

flod

led

is

leden

januar

únor

februar

březen

marts

duben

april

květen

maj

červen

juni

červenec

juli

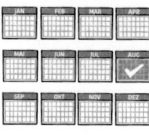

srpen

august

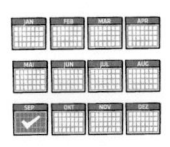

září
....
september

říjen
....
oktober

listopad
....
november

prosinec
....
december

kruh
....
cirkel

čtverec
....
kvadrat

obdélník
....
firkant

trojúhelník
....
trekant

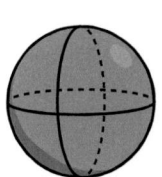

koule
....
kugle

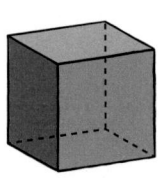

krychle
....
terning

barvy
farver

bílá

hvid

žlutá

gul

oranžová

orange

růžová

pink

červená

rød

fialová

lilla

modrá

blå

zelená

grøn

hnědá

brun

šedá

grå

černá

sort

hodně / málo

meget / lidt

rozzuřený / mírumilovný

rasende / fredelig

krásný / ošklivý

smuk / grim

začátek / konec

begyndelse / slut

velký / malý

stor / lille

světlý / tmavý

lys / mørk

bratr / sestra

bror / søster

čistý / špinavý

ren / snavset

úplný / neúplný

fuldkommen / ufuldkommen

den / noc

dag / nat

mrtvý / živý

død / levende

široký / úzký

bred / smal

jedlý / nejedlý

spiselig / uspiselig

zlý / hodný

vred / venlig

vzrušený / znuděný

ophidset / kedet

tlustý / hubený

tyk / tynd

nejdříve / naposledy

først / sidst

přítel / nepřítel

ven / fjende

plný / prázdný

fuld / tom

tvrdý / měkký

hård / blød

těžký / lehký

tung / let

hlad / žízeň

sult / tørst

nemocný / zdravý

syg / rask

ilegální / legální

illegal / legal

inteligentní / hloupý

intelligent / dum

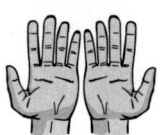

vlevo / vpravo

venstre / højre

blízko / daleko

nær / fjern

nový / použitý
ny / brugt

nic / něco
intet / noget

starý / mladý
gammel / ung

zapnutý / vypnutý
tændt / slukket

otevřeno / zavřeno
åben / lukket

tichý / hlasitý
stille / højt

bohatý / chudý
rig / fattig

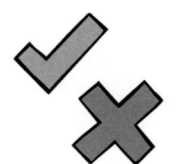

správný / špatný
rigtig / forkert

drsný / hladký
ru / glat

smutný / šťastný
ked af det / lykkelig

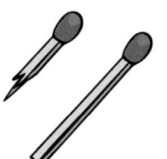

krátký / dlouhý
kort / lang

pomalý / rychlý
langsom / hurtig

vlhký / suchý
våd / tør

teplý / chladný
varm / kold

válka / mír
krig / fred

0	**1**	**2**
nula	jedna	dva
nul	en	to

3	**4**	**5**
tři	čtyři	pět
tre	fire	fem

6	**7**	**8**
šest	sedm	osm
seks	syv	otte

9	**10**	**11**
devět	deset	jedenáct
ni	ti	elleve

12

dvanáct

tolv

13

třináct

tretten

14

čtrnáct

fjorten

15

patnáct

femten

16

šestnáct

seksten

17

sedmnáct

sytten

18

osmnáct

atten

19

devatenáct

nitten

20

dvacet

tyve

100

sto

hundrede

1.000

tisíc

tusinde

1.000.000

milion

million

angličtina

engelsk

americká angličtina

amerikansk engelsk

standardní čínština

kinesisk mandarin

hindština

hindi

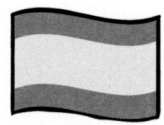

španělština

spansk

francouzština

fransk

arabština

arabisk

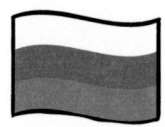

ruština

russisk

portugalština

portugisisk

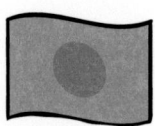

bengálština

bengalsk

němčina

tysk

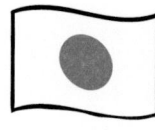

japonština

japansk

já

jeg

ty

du

on / ona / ono

han / hun / den / det

my

vi

vy

I

oni

de

Kdo?

hvem?

Co?

hvad?

Jak?

hvordan?

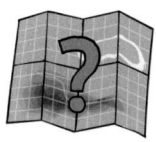

Kde?

hvor?

Kdy?

hvornår?

jméno

navn

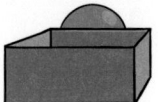

za
....
bag

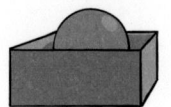

do
....
i

z
....
foran

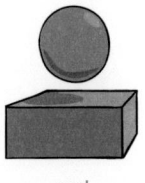

nad
....
over

na
....
på

mezi
....
under

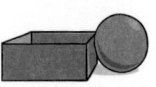

vedle
....
ved siden af

mezi
....
imellem

místo
....
sted